AF221290

Impressum
Verlag: BABADADA GmbH, Nedderfeld 112 , 22529 Hamburg
Geschäftsführer / Verlagsleitung: Harald Hof
Druck: Books on Demand GmbH, In de Tarpen 42, 22848 Norderstedt

Imprint
Publisher: BABADADA GmbH, Nedderfeld 112 , 22529 Hamburg, Germany
Managing Director / Publishing direction: Harald Hof
Print: Books on Demand GmbH, In de Tarpen 42, 22848 Norderstedt

colegio
школа

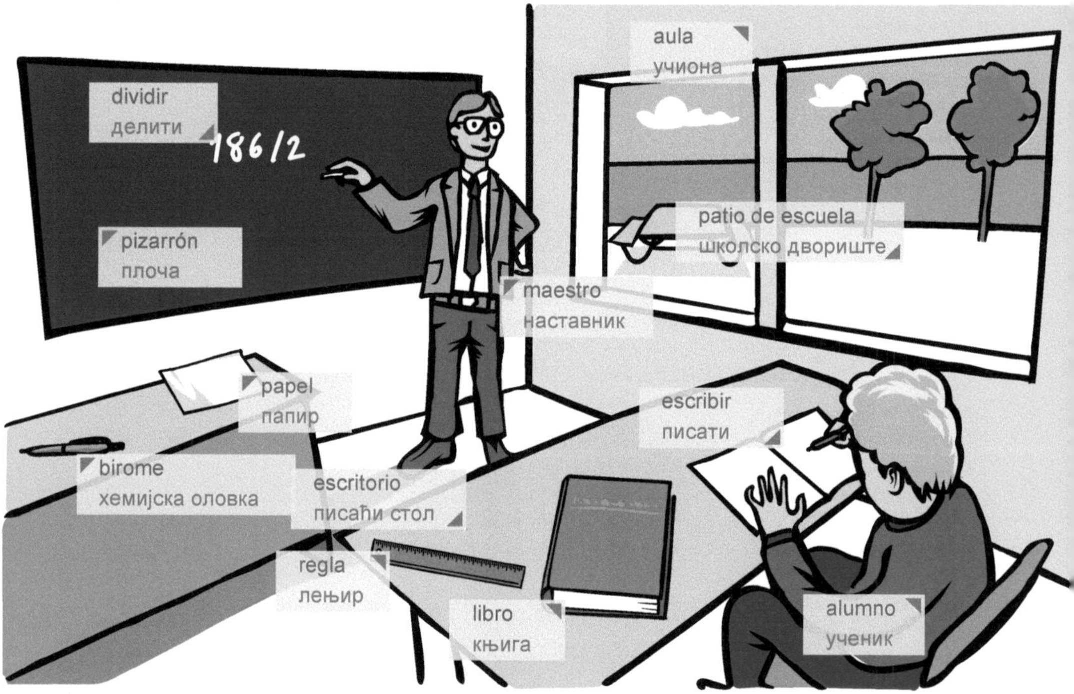
aula
учиона
dividir
делити
186/2
pizarrón
плоча
patio de escuela
школско двориште
maestro
наставник
papel
папир
escribir
писати
birome
хемијска оловка
escritorio
писаћи стол
regla
лењир
libro
књига
alumno
ученик

mochila

торба

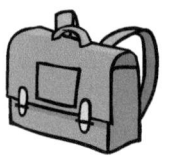

caja de lápices

перница

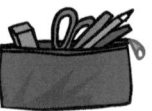

lápiz

графитна оловка

sacapuntas

шиљило за оловке

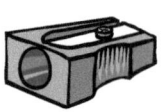

goma (de borrar)

гумица за брисање

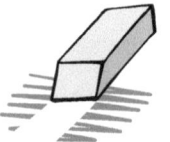

bloc de dibujo

блок за цртање

dibujo

цртеж

pincel

кист

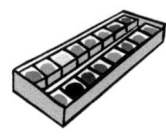

caja de pinturas

кутија са бојама

tijera

маказе

pegamento

лепило

cuaderno de ejercicios

бележница

tarea

домаћи задатак

número

број

sumar

сабирати

restar

одузимати

multiplicar

множити

calcular

рачунати

letra

слово

abecedario

абецеда

palabra

реч

texto

текст

leer

читати

tiza

креда

lección

час

cuaderno de clase

дневник

examen

испит

certificado

сведочанство

uniforme escolar

школска униформа

educación

образовање

enciclopedia

лексикон

universidad

универзитет

microscopio

микроскоп

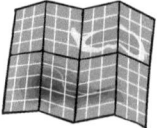

mapa

карта

tacho (de basura)

кошара за папир

viaje

путовање

hotel
хотел
Grand
hostel
преноћиште
ROOMS
casa de cambio
мењачница
EXCHANGE
valija
кофер
auto
ауто

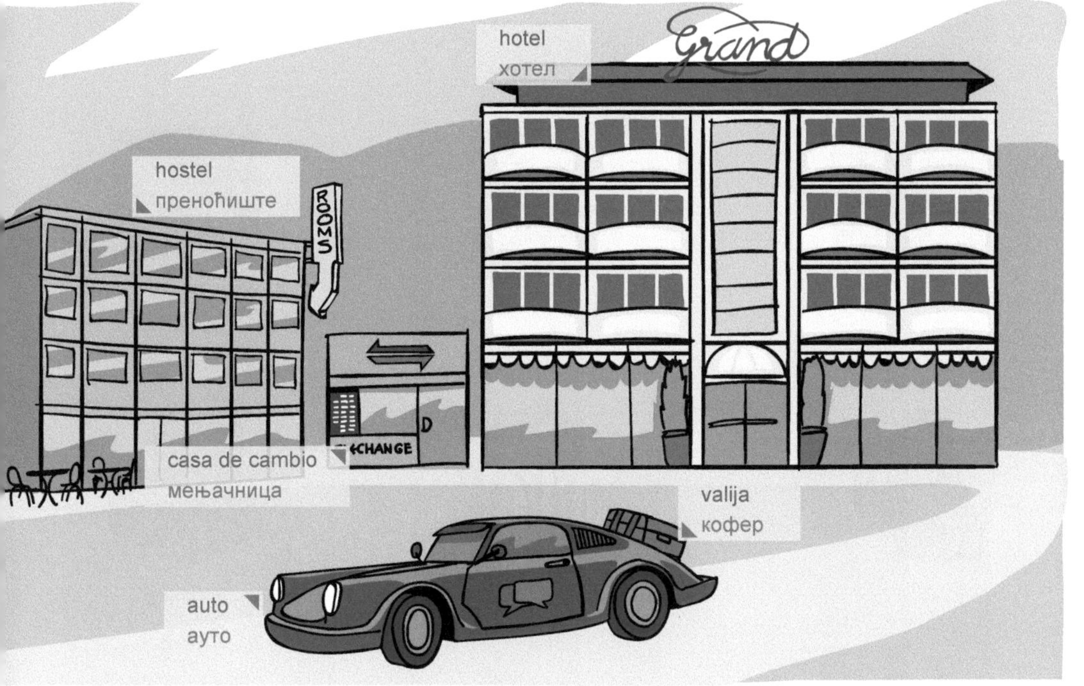

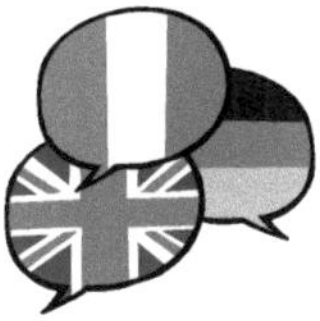

idioma

језик

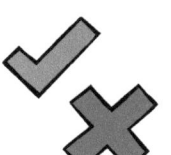

sí / no

да / не

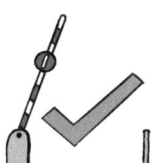

Está bien

океј

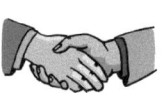

hola

здраво

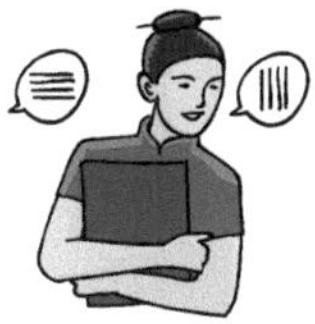

traductor

преводилац

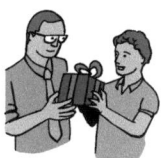

Gracias

хвала

¿cuánto cuesta...?

Колико кошта...?

No entiendo

не разумем

problema

проблем

¡Buenas tardes!

добро вече!

¡Buenos días!

Добро јутро!

¡Buenas noches!

Лаку ноћ!

adiós

довиђења

dirección

смер

equipaje

пртљага

bolso

торба

mochila

руксак

invitado

гост

habitación

соба

bolsa de dormir

врећа за спавање

carpa

шатор

información turística

туристичке информације

playa

плажа

tarjeta de crédito

кредитна картица

desayuno

доручак

almuerzo

ручак

cena

вечера

pasaje

карта за вожњу

ascensor

лифт

sello

поштанска маркица

frontera

граница

aduana

царина

embajada

амбасада

visa

виза

pasaporte

пасош

transporte

транспорт

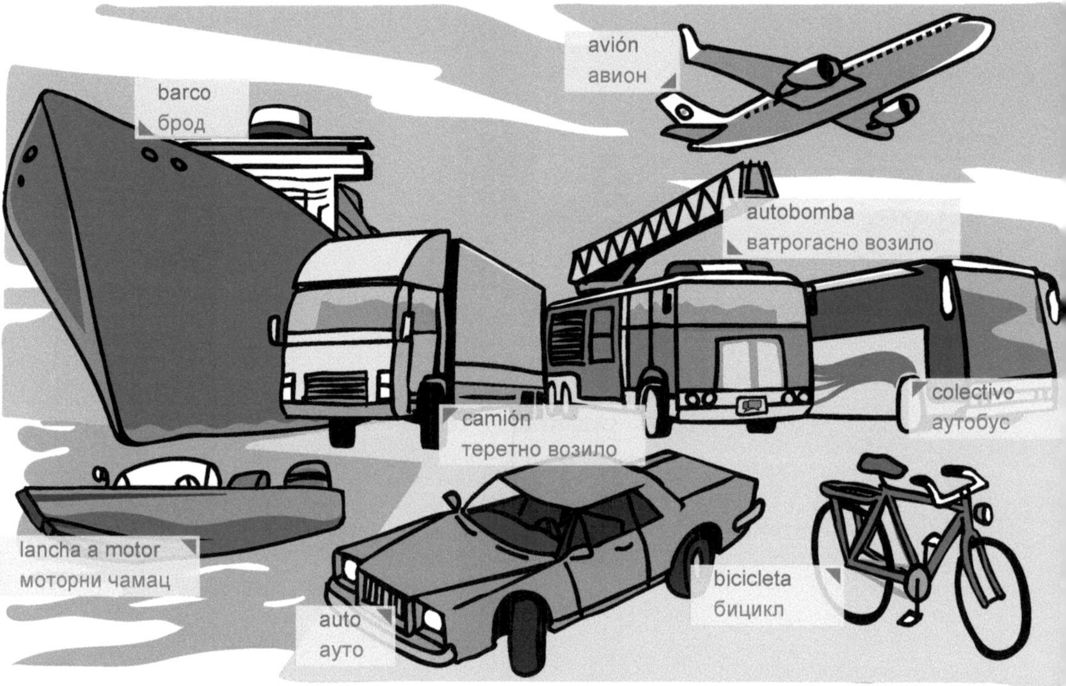
avión
авион
barco
брод
autobomba
ватрогасно возило
colectivo
аутобус
camión
теретно возило
lancha a motor
моторни чамац
bicicleta
бицикл
auto
ауто

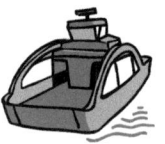

ferry

трајект

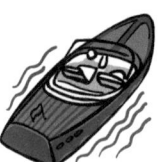

bote

чамац

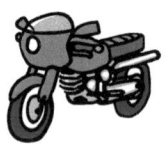

moto

мотоцикл

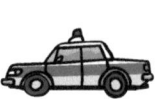

patrullero

полицијски ауто

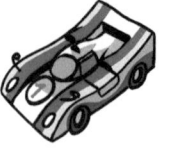

auto de carreras

тркаћи ауто

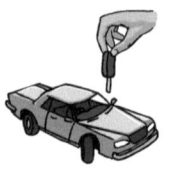

auto de alquiler

изнајмљено ауто

alquiler de autos

делење аутомобила

grúa

вучно возило

camión de basura

возило за одвоз смећа

motor

мотор

nafta

бензин

estación de servicio

бензинска станица

señal de tránsito

саобраћајни знак

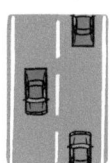

tránsito

саобраћај

embotellamiento

застој

estacionamiento

паркиралиште

estación de tren

железничка станица

vías

шине

tren

воз

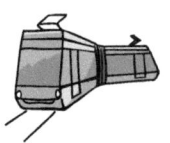

tranvía

трамвај

vagón

вагон

helicóptero

хеликоптер

aeropuerto

аеродром

torre

кула

pasajero

путник

contenedor

контејнер

caja de cartón

картон

carretilla

колица

canasta

корпа

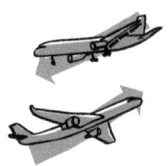

despegar / aterrizar

узлетети / слетети

ciudad

град

pueblo

село

centro de ciudad

центар града

casa

кућа

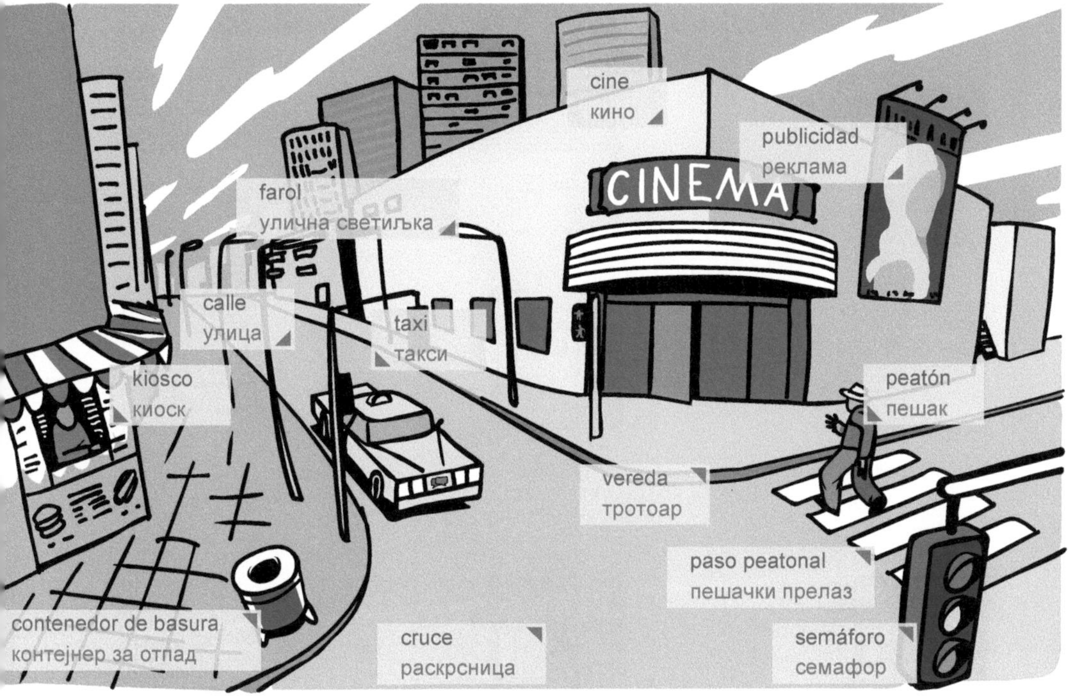

cine
кино

publicidad
реклама

farol
улична светиљка

CINEMA

calle
улица

taxi
такси

kiosco
киоск

peatón
пешак

vereda
тротоар

paso peatonal
пешачки прелаз

contenedor de basura
контејнер за отпад

cruce
раскрсница

semáforo
семафор

cabaña

колиба

departamento

стан

estación de tren

железничка станица

municipalidad

већница

museo

музеј

colegio

школа

ciudad - град

universidad

универзитет

banco

банка

hospital

болница

hotel

хотел

farmacia

апотека

oficina

канцеларија

librería

књижара

negocio

продавница

florería

цвећара

supermercado

супермаркет

mercado

трг

grandes tiendas

робна кућа

pescadería

рибарница

centro comercial

трговачки центар

puerto

лука

parque

парк

banco

клупа

puente

мост

escaleras

степенице

subte

подземна железница

túnel

тунел

parada del colectivo

аутобуска станица

bar

бар

restaurante

ресторан

buzón

поштанско сандуче

letrero

улични знак

parquímetro

паркирни аутомат

zoológico

зоолошки врт

pileta

базен

mezquita

џамија

granja

сеоско газдинство

contaminación

загађење околине

cementerio

гробље

iglesia

црква

juegos infantiles

игралиште

templo

храм

paisaje
пејсаж

hoja
лист

poste indicador
путоказ

camino
пут

pradera
ливада

piedra
камен

árbol
дрво

excursionista
шетач

río
река

hierba
трава

flor
цвет

valle

долина

montaña

планина

lago

језеро

bosque

шума

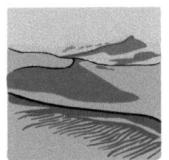

desierto

пустиња

volcán

вулкан

castillo

дворац

arco iris

дуга

champiñón

гљива

palmera

палма

mosquito

москито

mosca

мува

hormiga

мрав

abeja

пчела

araña

паук

paisaje - пејсаж

escarabajo

буба

rana

жаба

ardilla

веверица

erizo

јеж

liebre

зец

lechuza

сова

pájaro

птица

cisne

лабуд

jabalí

дивља свиња

ciervo

јелен

alce

лос

presa

насип

aerogenerador

ветрењача

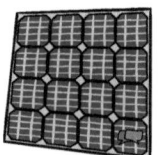

panel solar

соларна плоча

clima

клима

restaurante
ресторан

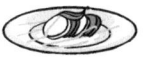

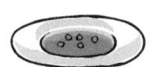

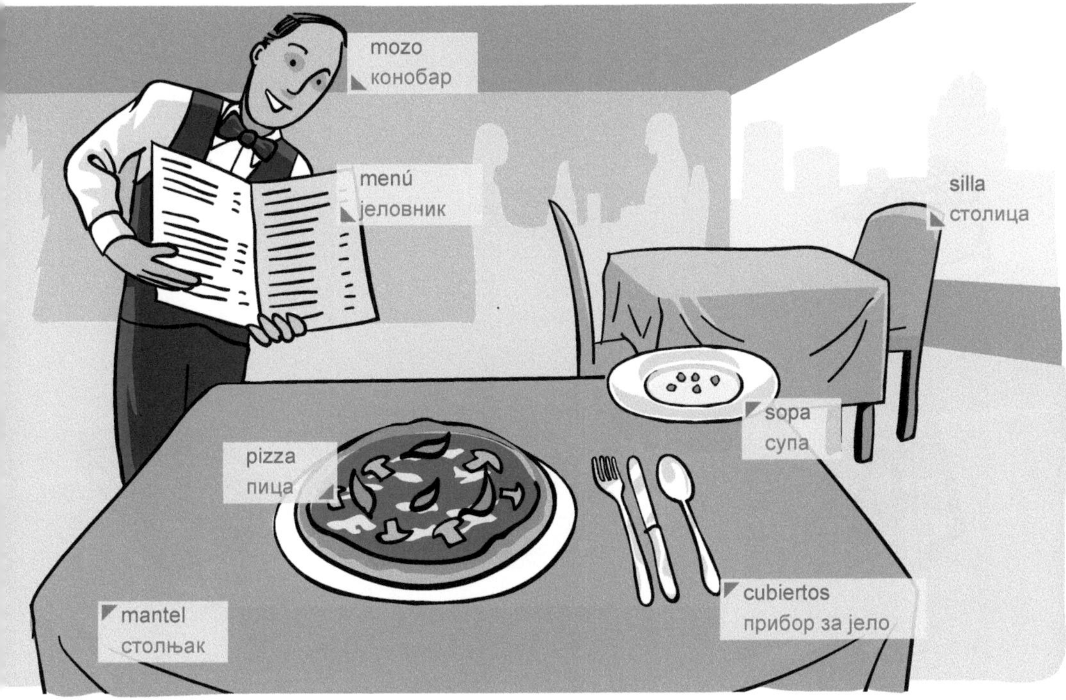
mozo
конобар
menú
јеловник
silla
столица
sopa
супа
pizza
пица
cubiertos
прибор за јело
mantel
столњак

entrada

предјело

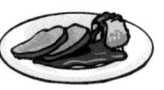

plato principal

главно јело

postre

десерт

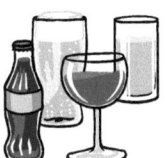

bebidas

напитци

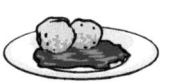

comida

јело

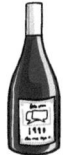

botella

флаша

comida rápida

брза храна

comida callejera

имбис храна

tetera

чајник

azucarera

доза за шећер

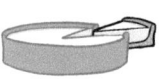

porción

порција

cafetera expreso

апарат за еспресо

sillita alta

висока столица

cuenta

рачун

bandeja

послужавник

cuchillo

нож

tenedor

виљушка

cuchara

кашика

cucharita

чајна кашика

servilleta

салвета

vaso

чаша

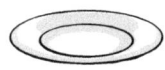

plato

тањир

plato hondo

тањир за супу

plato

тањирић

salsa

сос

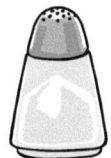

salero

сољенка

molinillo de pimienta

млин за бибер

vinagre

сирће

aceite

уље

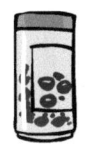

especias

зачини

kétchup

кечап

mostaza

сенф

mayonesa

мајонеза

restaurante - ресторан

supermercado

супермаркет

oferta especial
понуда
FOR
cliente
купац
lácteos
млечни производи
fruta
воће
changuito
колица за куповину

BUTCHERS

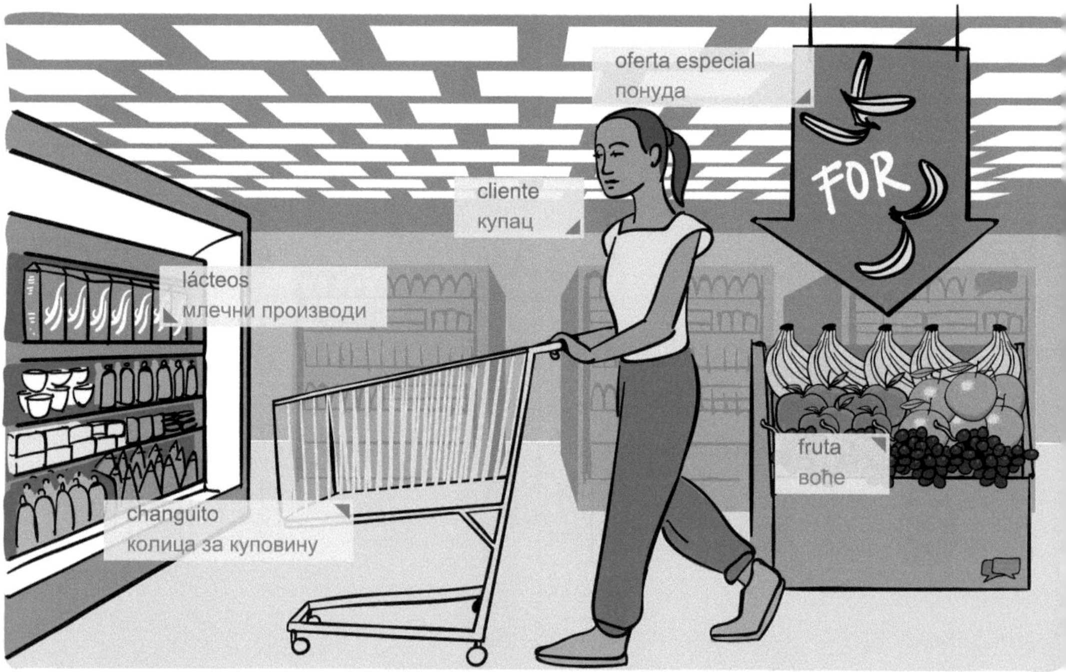

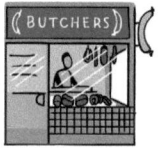

carnicería

месница

BAKERY

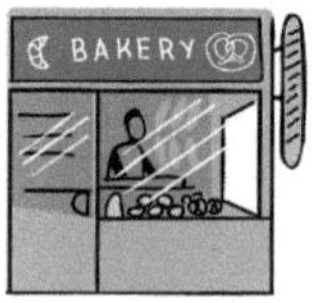

panadería

пекара

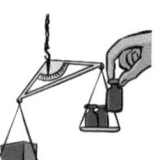

pesar

вагати

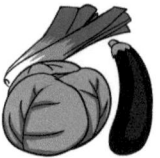

verduras

поврће

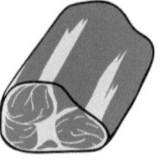

carne

месо

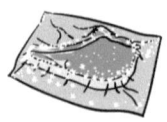

alimentos congelados

смрзнута храна

fiambres

нарезак

alimentos enlatados

конзерве

detergente en polvo

средство за прање

golosinas

слаткиши

electrodomésticos

артикли за домаћинство

productos de limpieza

средства за чишћење

vendedora

продавачица

caja

благајна

cajero

благајник

lista de compras

листа за куповину

horario de atención

време рада

billetera

новчаник

tarjeta de crédito

кредитна картица

cartera

торба

bolsa de plástico

пластична кеса

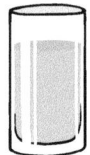

agua

вода

jugo

сок

leche

млеко

bebida cola

кола

vino

вино

cerveza

пиво

alcohol

алкохол

cacao

какао

té

чај

café

кава

café expreso

еспресо

cappuccino

капућино

banana

банана

manzana

jабука

naranja

наранџа

melón

лубеница

limón

лимун

zanahoria

шаргарепа

ajo

бели лук

bambú

бамбус

cebolla

лук

champiñón

гљива

nueces

орашасти плодови

fideos

резанци

tallarines

шпагете

arroz

рижа

ensalada

салата

papas fritas

помфрит

papas fritas

печени крумпир

pizza

пица

hamburguesa

хамбургер

sándwich

сендвич

churrasco

шницла

jamón

шунка

salame

салама

salchicha

кобасица

pollo

кокош

asado

печење

pescado

риба

copos de avena

зобене пахуљице

muesli

мусли

copos de maíz

кукурузне пахуљице

harina

брашно

medialuna

кроасан

pancito

пециво

pan

хлеб

tostada

тоаст

galletitas

кекси

manteca

маслац

cuajada

свежи сир

torta

колач

huevo

jaje

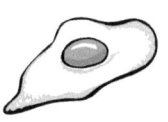

huevo frito

jaje на око

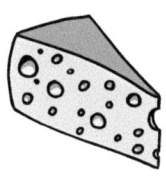

queso

сир

comida - jelo

helado

сладолед

azúcar

шећер

miel

мед

mermelada

мармелада

pasta de chocolate

нугат крема

curry

кари

granja

сеоско газдинство

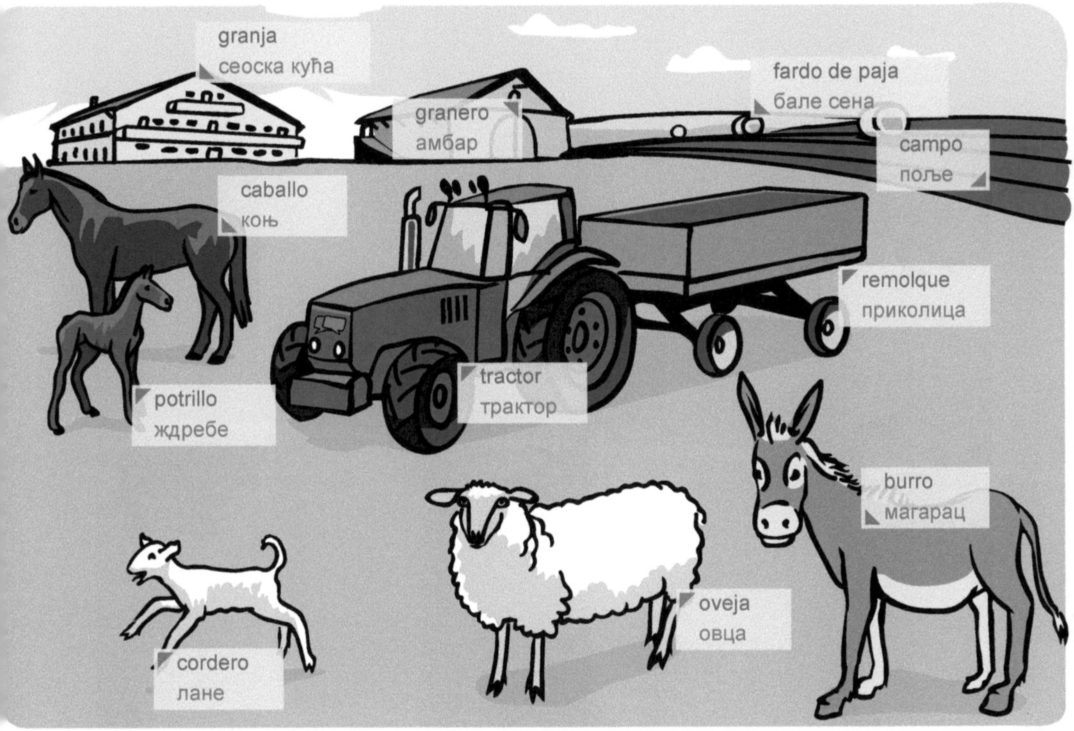
granja
сеоска кућа
fardo de paja
бале сена
granero
амбар
campo
поље
caballo
коњ
remolque
приколица
tractor
трактор
potrillo
ждребе
burro
магарац
oveja
овца
cordero
лане

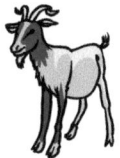

cabra

коза

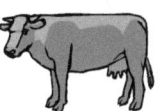

vaca

крава

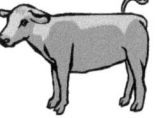

ternero

теле

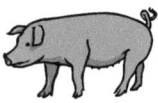

cerdo

свиња

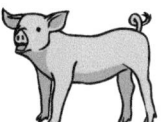

lechón

прасе

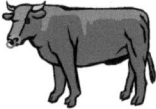

toro

бик

ganso

гуска

pato

патка

pollo

пилићи

gallina

кокош

gallo

петао

rata

пацов

gato

мачка

ratón

миш

buey

вол

perro

пас

cucha

кућица за пса

manguera

вртно црево

regadera

канта за поливање

guadaña

коса

arado

плуг

hoz

срп

azada

мотика

horquilla

виљушка за ђубриво

hacha

секира

carretilla

тачке

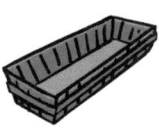

abrevadero

корито

lechera

посуда за млеко

bolsa

врећа

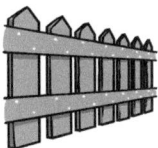

reja

ограда

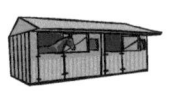

establo

штала

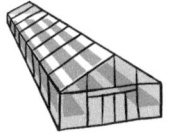

invernadero

стакленик

suelo

земља

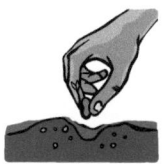

semilla

семе

fertilizador

ђубриво

cosechadora

комбајн

cosechar

жети

cosecha

жетва

batatas

јамс зачин

trigo

пшеница

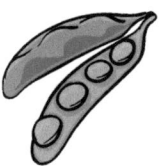

soja

coja

papa

крумпир

maíz

кукуруз

semilla de colza

уљана репица

árbol frutal

воћка

mandioca

гомољ маниоке

cereales

житарице

casa
кућа

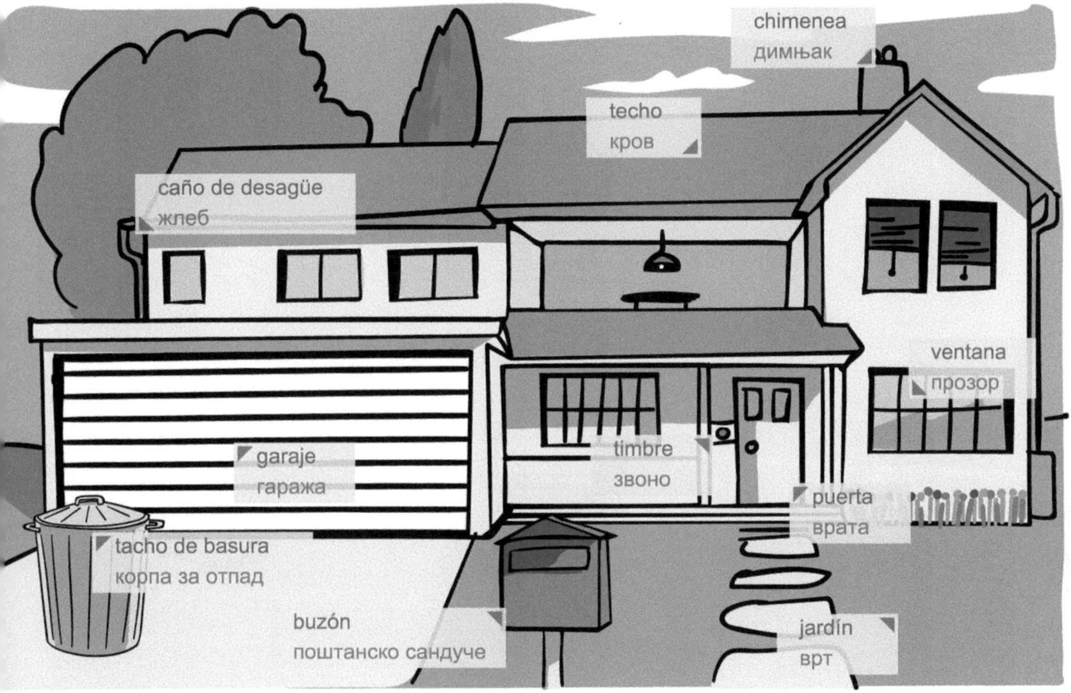
chimenea
димњак
techo
кров
caño de desagüe
жлеб
ventana
прозор
garaje
гаража
timbre
звоно
puerta
врата
tacho de basura
корпа за отпад
buzón
поштанско сандуче
jardín
врт

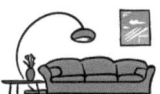

living
....
дневна соба

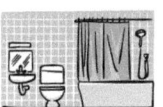

baño
....
купаоница

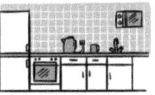

cocina
....
кухиња

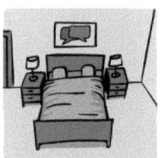

dormitorio
....
спаваћа соба

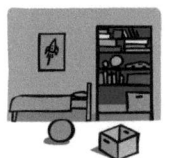

cuarto de los chicos
....
дечија соба

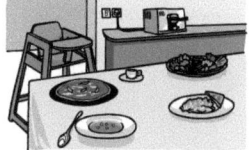

comedor
....
трпезарија

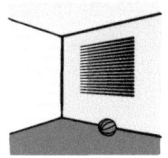

piso

под

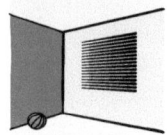

pared

зид

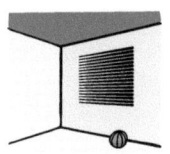

cielorraso

строп

sótano

подрум

sauna

сауна

balcón

балкон

terraza

тераса

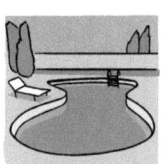

pileta

базен

cortadora de pasto

косилица за траву

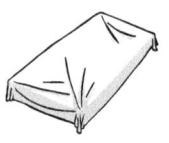

sábana

постељина за кревет

acolchado

дека за кревет

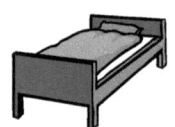

cama

кревет

escoba

метла

balde

канта

interruptor

прекидач

living

дневна соба

empapelado
тапета
imagen
слика
lámpara
светиљка
estante
регал
armario
ормар
televisión
телевизија
chimenea
камин
flor
цвет
almohadón
јастук
sofá
кауч
florero
ваза
control remoto
даљински управљач

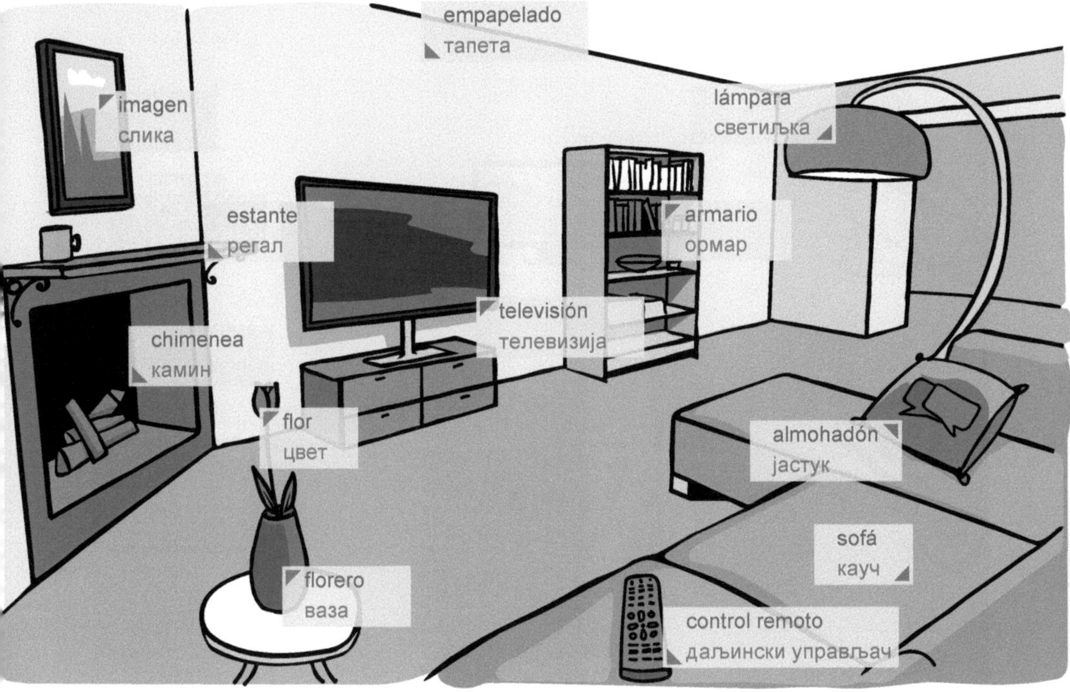

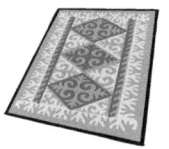

alfombra

тепих

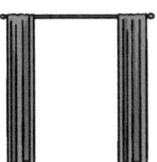

cortina

завеса

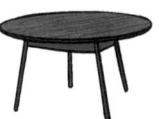

mesa

сто

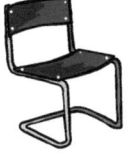

silla

столица

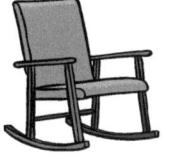

mecedora

столица за њихање

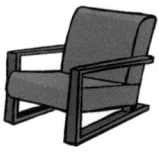

sillón

фотеља

libro

књига

frazada

дека

decoración

декорација

leña

дрво за огрев

película

филм

equipo de música

хи-фи уређај

llave

кључ

diario

новине

pintura

слика на платну

póster

постер

radio

радио

cuaderno

блок за писање

aspiradora

усисивач

cactus

кактус

vela

свећа

cocina
кухиња

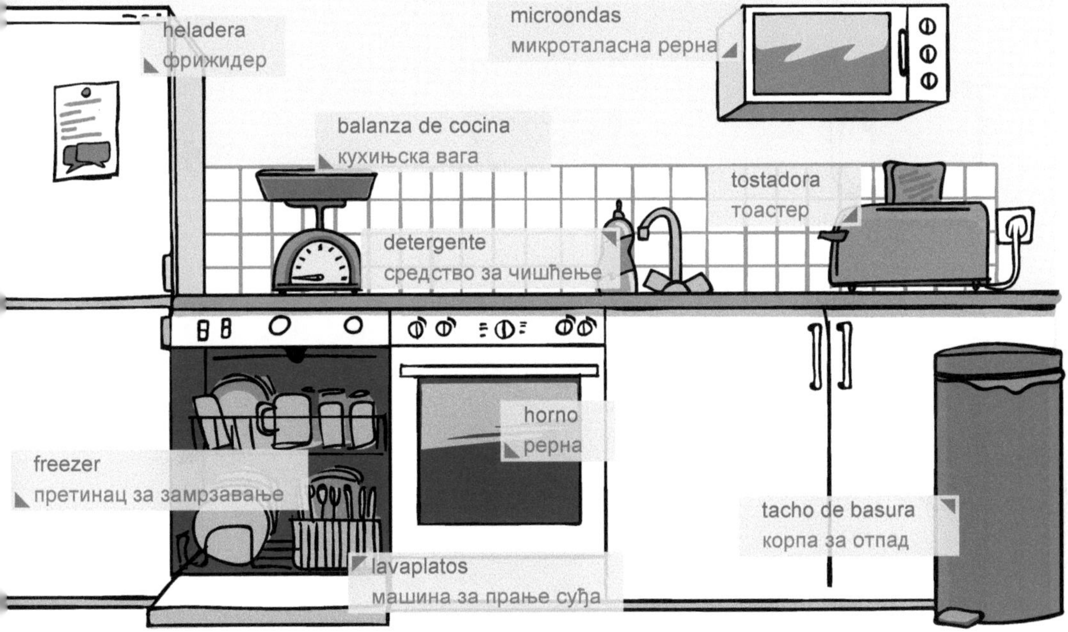
heladera
фрижидер
microondas
микроталасна рерна
balanza de cocina
кухињска вага
tostadora
тоастер
detergente
средство за чишћење
horno
рерна
freezer
претинац за замрзавање
tacho de basura
корпа за отпад
lavaplatos
машина за прање суђа

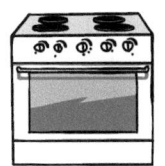

cocina

шпорет

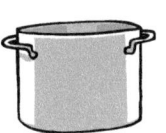

olla

лонац

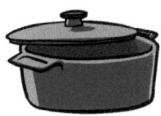

olla de hierro fundido

гвоздени лонац

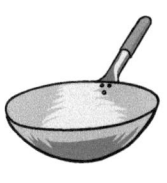

wok

вок / кадаи

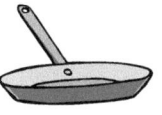

sartén

тава

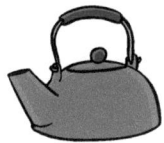

pava

кувало за воду

vaporera

кувало на пару

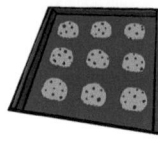

bandeja de horno

лим за печење

vajilla

посуђе

taza

чаша

bol

посуда

palitos

штапићи за јело

cucharón

кутлача

estpátula

лопатица

batidora

пењача

colador

сито за кување

colador

сито

rallador

рибеж

mortero

мужар

parrilla

роштиљ

fogata

огњиште

cocina - кухиња

tabla de picar

даска

palo de amasar

оклагија

sacacorchos

вадичеп

lata

конзерва

abrelatas

отварач конзерви

manopla

крпа за лонац

pileta

судопер

cepillo

четка

esponja

сунђер

batidora

миксер

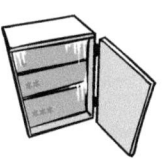

congelador

замрзивач

mamadera

флашица за бебе

canilla

славина за воду

baño

купаоница

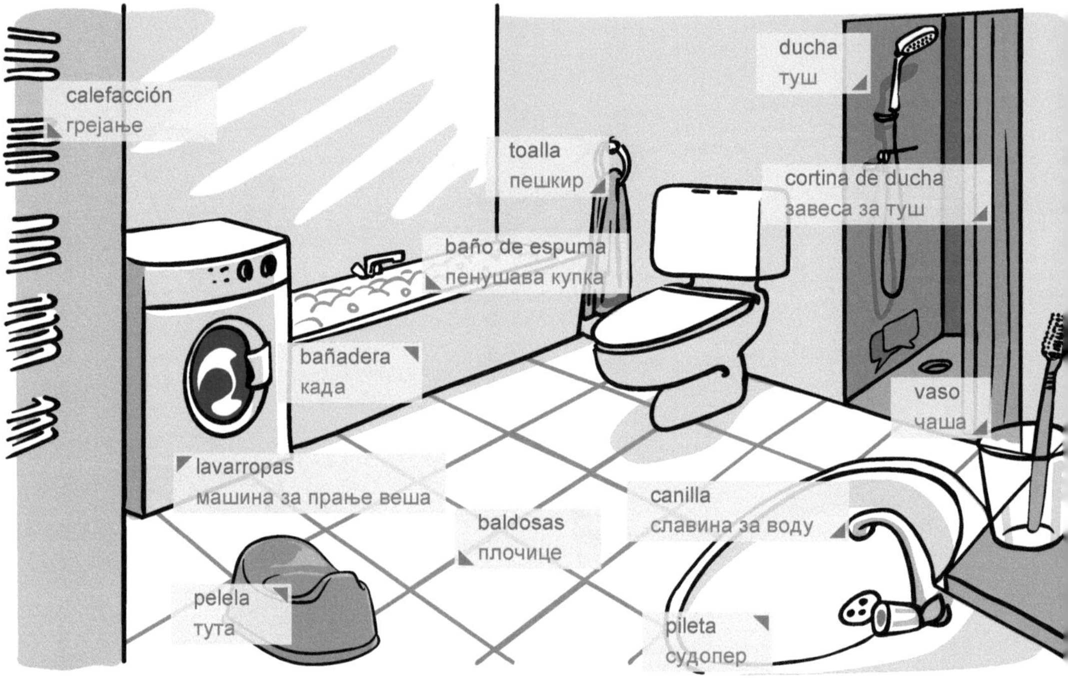

calefacción
грејање
ducha
туш
toalla
пешкир
cortina de ducha
завеса за туш
baño de espuma
пенушава купка
bañadera
када
vaso
чаша
lavarropas
машина за прање веша
canilla
славина за воду
baldosas
плочице
pelela
тута
pileta
судопер

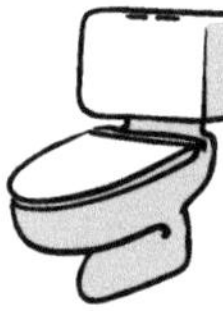

inodoro

тоалет

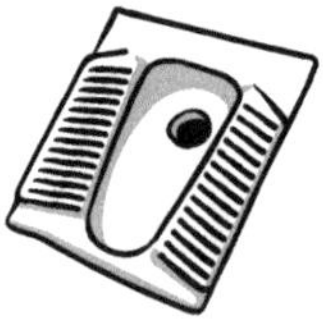

letrina

чучавац

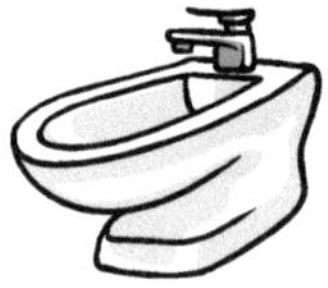

bidé

бидет

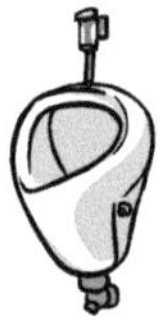

mingitorio

писоар

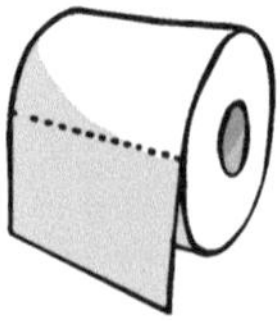

papel higiénico

тоалетни папир

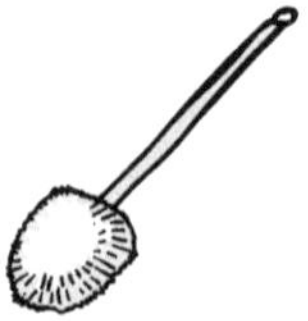

cepillo para el inodoro

четка за тоалет

cepillo de dientes

четкица за зубе

dentífrico

паста за зубе

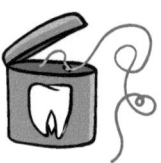

hilo dental

конац за зубе

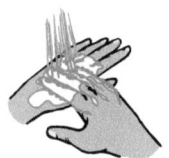

lavar

прати

ducha de mano

туш ручица

ducha higiénica

туш за прање интимних делова

palangana

лавор

cepillo para espalda

четка за прање леђа

jabón

сапун

gel de ducha

гел за туширање

shampoo

шампон

toallita

крпа за прање

desagüe

одвод

crema

крема

desodorante

дезодоранс

baño - купаоница

espejo

огледало

espejito

козметичко огледало

maquinita de afeitar

бријач

espuma de afeitar

пена за бријање

aftershave

лосион за после бријања

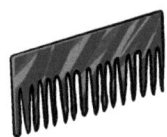

peine

чешаљ

cepillo

четка

secador de pelo

фен за косу

spray

спреј за косу

maquillaje

шминка

lápiz de labios

руж за усне

esmalte para uñas

лак за нокте

algodón

вата

tijera para uñas

маказе за нокте

perfume

парфем

baño - купаоница

portacosméticos

козметичка торбица

banqueta

столица

balanza

вага

bata

огртач

guantes de goma

рукавице за чишћење

tampón

тампон

toallita femenina

уложак

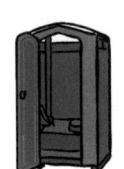

baño químico

хемијски тоалет

cuarto de los chicos
дечија соба

despertador
будилник
peluche
плишана играчка
coche de juguete
ауто играчка
sonajero
звечка
casa de muñecas
кућица за лутке
regalo
поклон

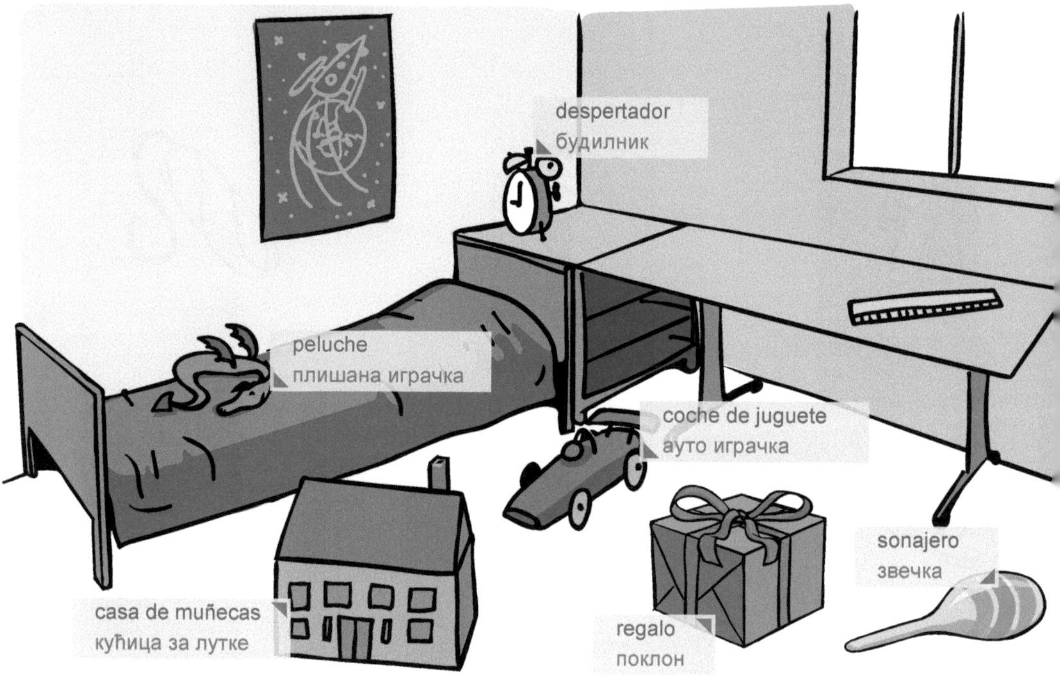

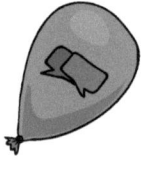

globo

балон

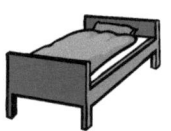

cama

кревет

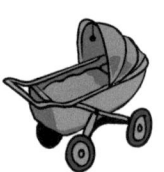

cochecito

дјечија колица

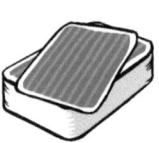

cartas

игра са картама

rompecabezas

слагалица

SUPER
MEGA

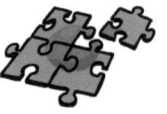

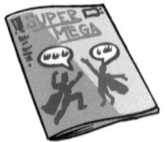

historieta

стрип

piezas de lego

лего коцкице

ladrillos de juguete

коцкице за слагање

figura de acción

акциони јунак

enterito (de bebé)

бенкица за бебе

frisbee

фризби

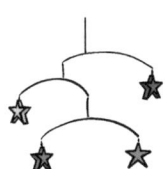

móvil para bebés

висеће играчке

juego de mesa

друштвене игре

dados

коцка

tren eléctrico

минијатурна жељезница

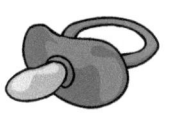

chupete

дуда

fiesta

забава

libro de cuentos ilustrado

сликовница

pelota

лопта

muñeca

лутка

jugar

играти

arenero

пешчаник

hamaca

љуљачка

juguetes

играчка

consola de videojuegos

конзола за игре

triciclo

трицикл

osito de peluche

теди

armario

ормар

ropa

одећа

medias

кратке чарапе

medias panty

чарапе

calzas

хулахопке

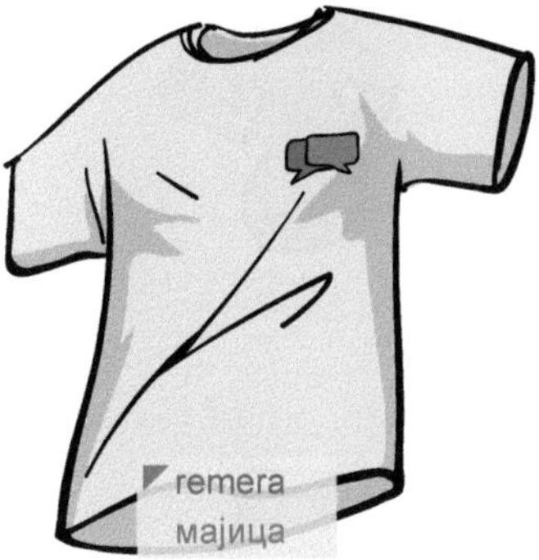

bufanda
шал

cinturón
каиш

paraguas
кишобран

remera
мајица

botas
чизме

pantuflas
папуче

zapatillas
патике

sandalias

сандале

zapatos

ципеле

botas de goma

гумене чизме

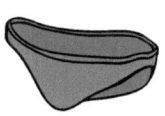

ropa interior

гаћице

corpiño

грудњак

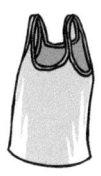

chaleco

поткошуља

body

боди

pantalones

панталоне

jeans

фармерке

pollera

сукња

blusa

блуза

camisa

кошуља

pulóver

џемпер

buzo

џемпер с капуљачом

blazer

сако

campera

јакна

tapado

мантил

piloto

кабаница

traje

костим

vestido

хаљина

vestido de novia

венчаница

traje

одело

camisón

спаваћица

pijama

пиџама

sari

сари

pañuelo para cabeza

марама за главу

turbante

турбан

burka

бурка

caftán

кафтан

abaya

абаја

traje de baño

купаћи костим

short de baño

купаће гаћице

shorts

кратке панталоне

jogging

одећа за тренинг

delantal

кецеља

guantes

рукавице

botón

дугме

anteojos

наочаре

pulsera

наруквица

collar

огрлица

anillo

прстен

aro

наушница

gorra

капа

percha

вешалица

sombrero

шешир

corbata

кравата

cierre

патент затварач

casco

кацига

tiradores

нараменице

uniforme escolar

школска униформа

uniforme

униформа

babero

подбрадак

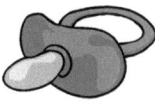

chupete

дуда

pañal

пелена

oficina

канцеларија

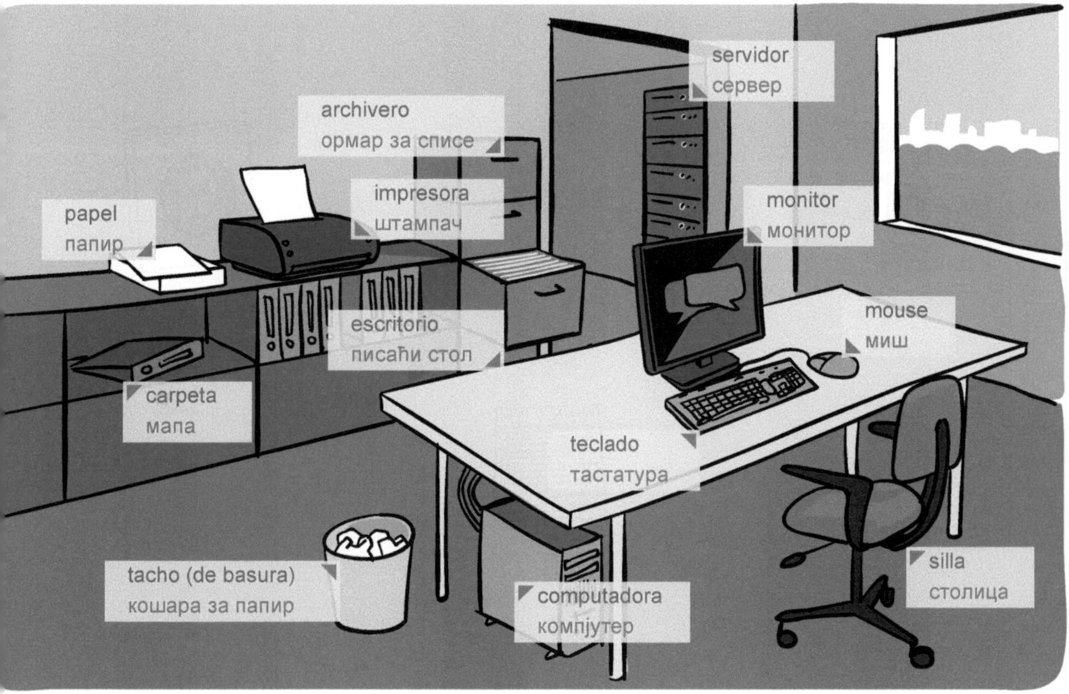

servidor
сервер

archivero
ормар за списе

impresora
штампач

papel
папир

monitor
монитор

escritorio
писаћи сто

mouse
миш

carpeta
мапа

teclado
тастатура

silla
столица

tacho (de basura)
кошара за папир

computadora
компјутер

taza de café

шалица за каву

calculadora

калкулатор

internet

интернет

laptop

лаптоп

carta

писмо

mensaje

порука

celular

мобилни телефон

red

мрежа

fotocopiadora

уређај за копирање

software

софтвер

teléfono

телефон

tomacorriente

утичница

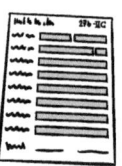

fax

факс

formulario

формулар

documento

документ

comprar

куповати

pagar

платити

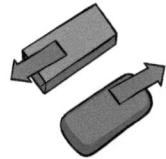

hacer negocios

трговати

dinero

новац

 **USD**

dólar

долар

 **EUR**

euro

евро

JPY

yen

јен

RUB

rublo

рубља

CHF

franco suizo

швајцарски франак

CNY

yuan

ренминдби јуан

INR

rupia

рупија

cajero automático

аутомат за новац

casa de cambio

мењачница

oro

злато

plata

сребро

petróleo

нафта

energía

енергија

precio

цена

contrato

уговор

impuesto

порез

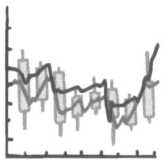

acción

деонице

trabajar

радити

empleado

службеник

empleador

послодавац

fábrica

фабрика

negocio

продавница

ocupaciones

занимања

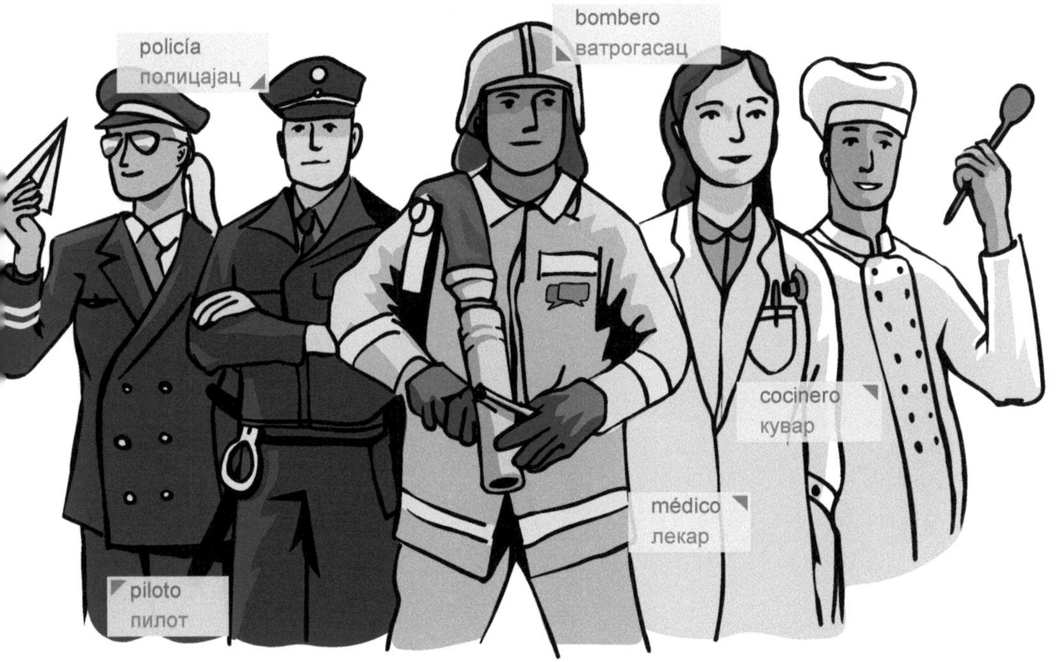

policía
полицајац
bombero
ватрогасац
cocinero
кувар
médico
лекар
piloto
пилот

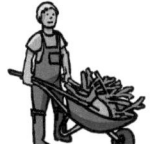

jardinero

вртлар

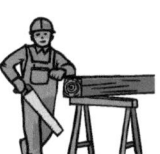

carpintero

столар

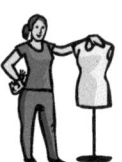

modista

кројачица

juez

судија

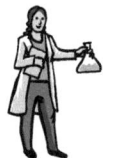

farmacéutico

хемичар

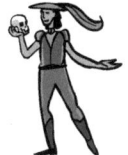

actor

глумац

colectivero

возач аутобуса

taxista

возач таксија

pescador

рибар

mucama

чистачица

techista

кровопокривач

mozo

конобар

cazador

ловац

pintor

сликар

panadero

пекар

electricista

електричар

albañil

грађевински радник

ingeniero

инжењер

carnicero

месар

plomero

лимар

cartero

поштар

soldado

војник

arquitecto

архитекта

cajero

благајник

florista

цвећар

peluquero

фризер

cobrador

кондуктер

mecánico

механичар

capitán

капетан

dentista

зубар

científico

научник

rabino

раби

imán

имам

monje

монах

sacerdote

свећеник

herramientas
алати

martillo
чекић
tenaza
клешта
destornillador
одвијач
llave
кључ за завртње
linterna
џепна лампа

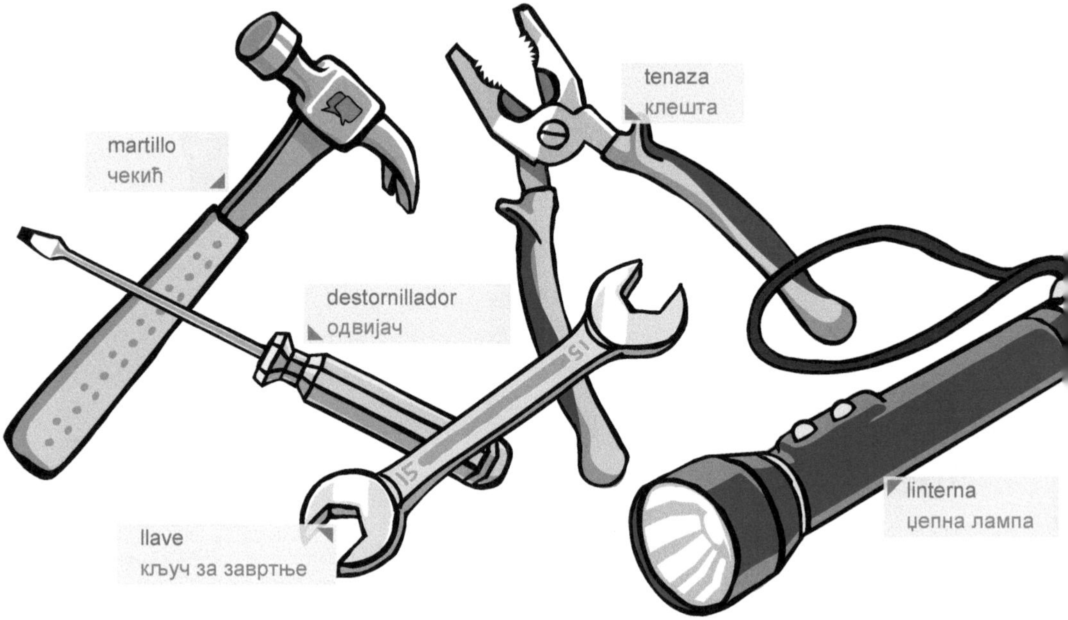

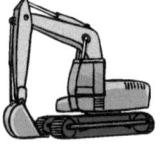

excavadora

багер

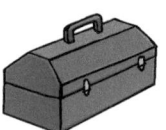

caja de herramientas

кутија за алат

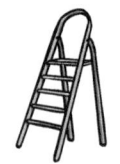

escalera portátil

мердевине

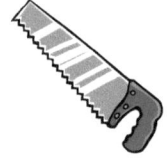

sierra

пила

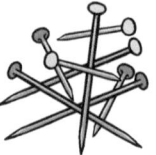

clavos

ексер

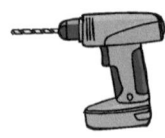

taladro

бушилица

arreglar

поправити

pala de jardín

лопата

¡Qué bronca!

до ђавола!

pala de plástico

лопатица

tacho de pintura

лонац за боју

tornillos

завртањи

instrumentos musicales
музички инструмент

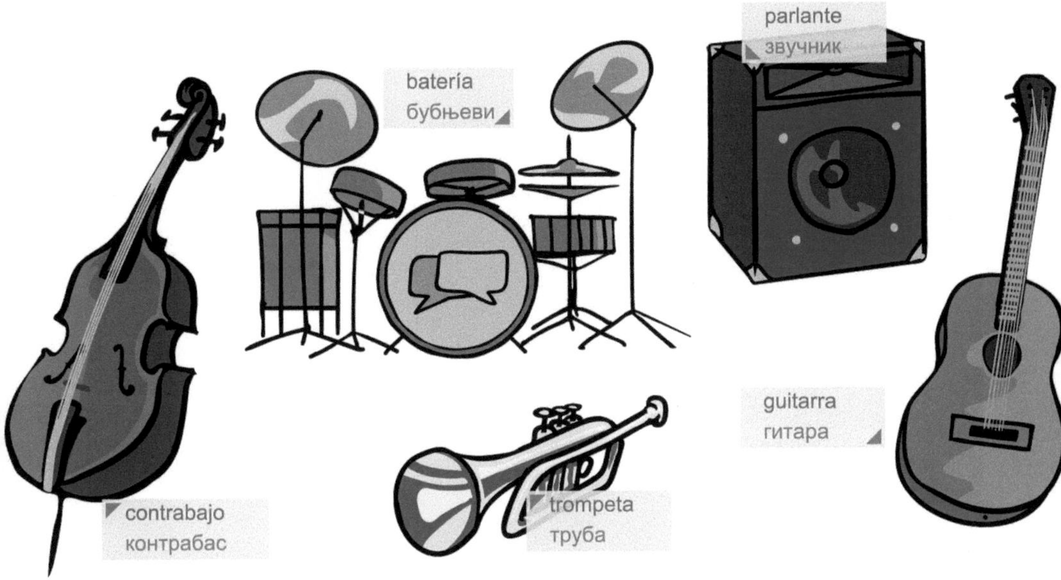

batería
бубњеви

parlante
звучник

guitarra
гитара

contrabajo
контрабас

trompeta
труба

piano

клавир

violín

виолина

bajo

бас

timbales

тимпани

tambor

удараљке за бубњеве

teclado

типке клавира

saxofón

саксофон

flauta

флаута

micrófono

микрофон

instrumentos musicales - музички инструмент

zoológico

зоолошки врт

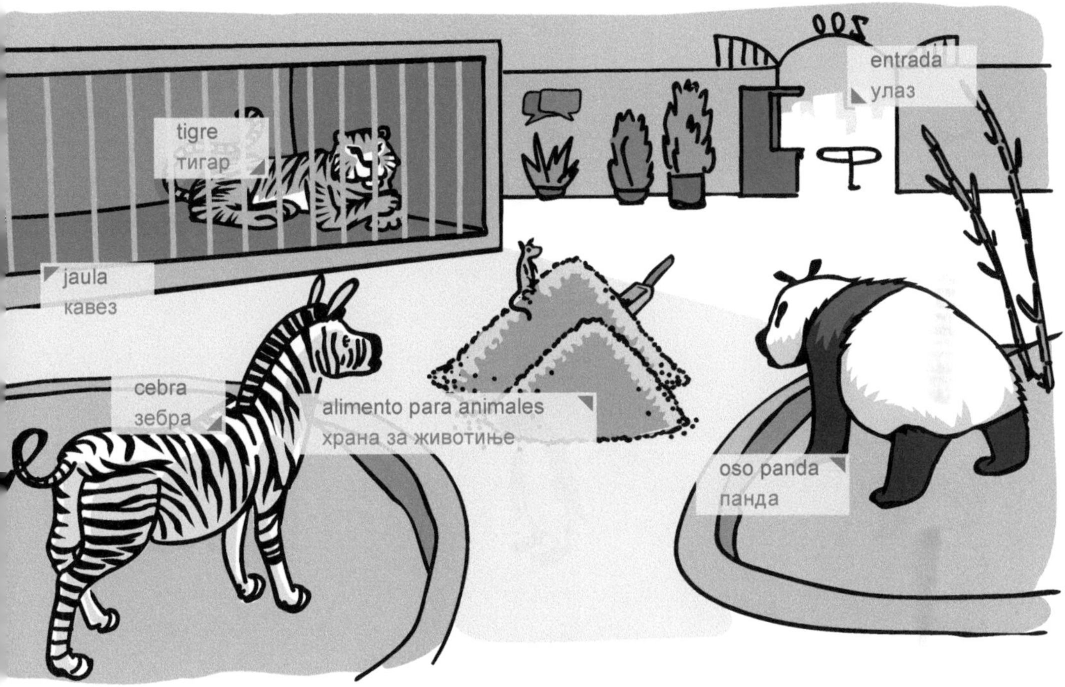
entrada
улаз
tigre
тигар
jaula
кавез
cebra
зебра
alimento para animales
храна за животиње
oso panda
панда

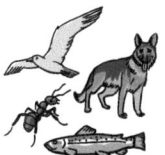

animales
животиње

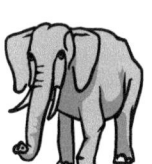

elefante
слон

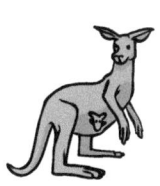

canguro
кенгур

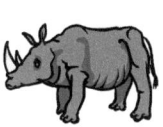

rinoceronte
носорог

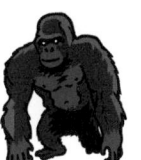

gorila
горила

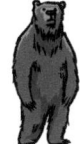

oso
медвед

camello

камила

avestruz

нoj

león

лав

mono

мajмун

flamenco

фламинго

loro

папагаj

oso polar

поларни медвед

pingüino

пингвин

tiburón

аjкула

pavo real

паун

serpiente

змиja

cocodrilo

крокодил

cuidador del zoológico

чувар у зоолошком врту

foca

туљан

jaguar

jaгуар

zoológico - зоолошки врт

poni

пони

leopardo

леопард

hipopótamo

нилски коњ

jirafa

жирафа

águila

орао

jabalí

дивља свиња

pescado

риба

tortuga

корњача

morsa

морж

zorro

лисица

gacela

газела

deportes
спорт

fútbol americano
амерички ногомет

ciclismo
бициклизам

tenis
тенис

básquet
кошарка

natación
пливање

boxeo
бокс

hockey sobre hielo
хокеј на леду

fútbol
фудбал

bádminton
бадминтон

atletismo
атлетика

handball
рукомет

esquí
скијање

polo
поло

saltar
скочити

reír
смејати се

abrazar
загрлити

caminar
ићи

cantar
певати

soñar
сањати

rezar
молити се

besar
пољубити

escribir
писати

dibujar
цртати

mostrar
показати

presionar
гурати

dar
дати

tomar
узети

tener

имати

hacer

чинити

ser

бити

estar parado

стојати

correr

трчати

tirar

повлачити

tirar

бацити

caer

падати

estar acostado

лежати

esperar

чекати

llevar

носити

estar sentado

седити

vestirse

облачити

dormir

спавати

despertar

пробудити се

mirar

гледати

llorar

плакати

acariciar

миловати

peinar

чешљати

hablar

говорити

entender

разумети

preguntar

питати

escuchar

слушати

beber

пити

comer

јести

ordenar

поспремити

amar

волети

cocinar

кухати

manejar

возити

volar

летети

actividades - активности

navegar

пловити

calcular

рачунати

leer

читати

aprender

учити

trabajar

радити

casarse

венчати се

coser

шити

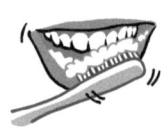

cepillarse los dientes

прати зубе

matar

убити

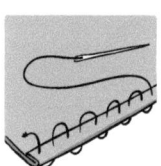

fumar

пушити

enviar

послати

abuela
бака

abuelo
деда

padre
отац

madre
мајка

bebé
беба

hija
кћерка

hijo
син

invitado

гост

tía

тетка

tío

ујак, стриц

hermano

брат

hermana

сестра

cuerpo

тело

frente
чело
ojo
око
hombro
раме
dedo
прст
cara
лице
pera
брада
mano
рука
pierna
нога
pecho
груди
brazo
рука

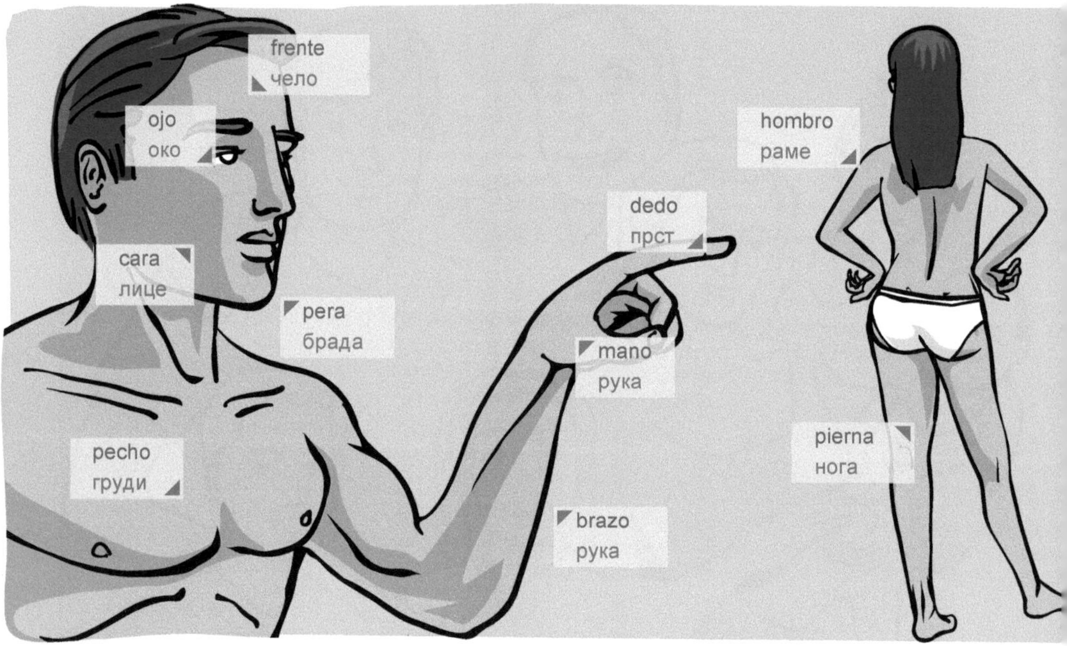

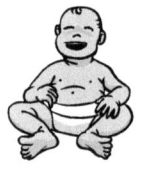

bebé

беба

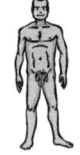

hombre

мушкарац

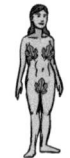

mujer

жена

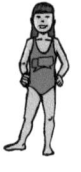

nena

девојчица

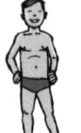

nene

дечак

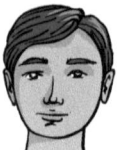

cabeza

глава

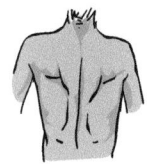

espalda

леђа

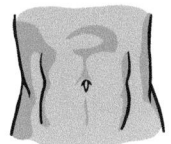

panza

стомак

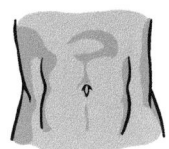

ombligo

пупак

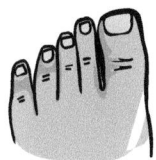

dedo del pie

ножни прст

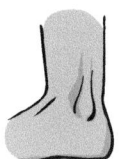

talón

пета

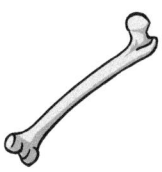

hueso

кост

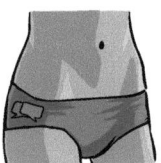

cadera

кукови

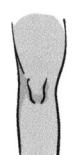

rodilla

колено

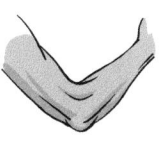

codo

лакат

nariz

нос

cola

задњица

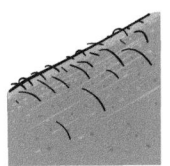

piel

кожа

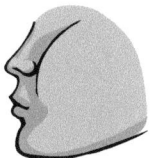

cachete

образ

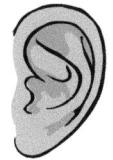

oreja

уво

labio

усна

boca

уста

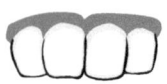

diente

зуб

lengua

језик

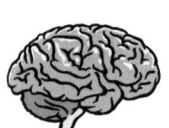

cerebro

мозак

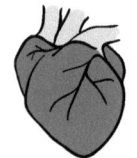

corazón

срце

músculo

мишић

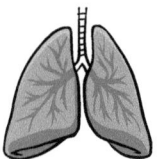

pulmón

плућа

hígado

јетра

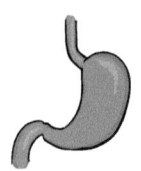

estómago

желудац

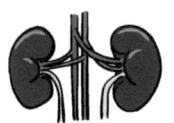

riñones

бубрези

sexo

полни однос

preservativo

кондом

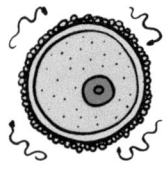

óvulo

јајна ћелија

semen

сперма

embarazo

трудноћа

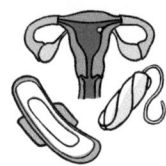

menstruación

менструација

vagina

вагина

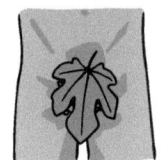

pene

пенис

ceja

обрва

pelo

коса

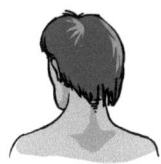

cuello

врат

hospital
болница

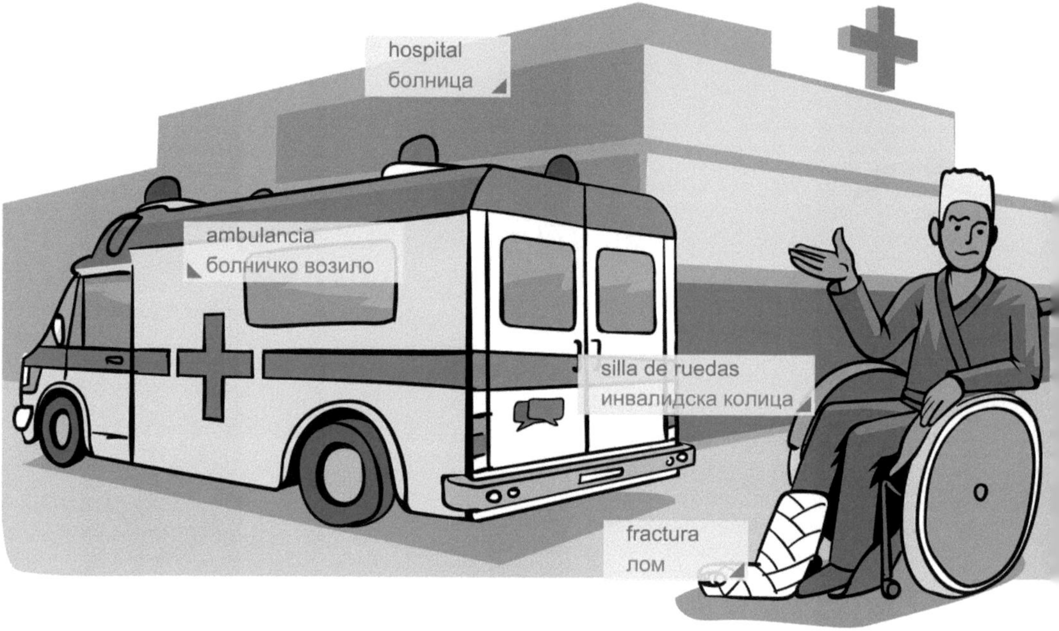

hospital
болница
ambulancia
болничко возило
silla de ruedas
инвалидска колица
fractura
лом

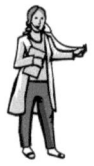

médico

лекар

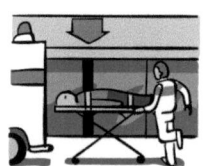

sala de guardia

хитна медицинска служба

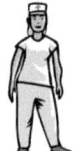

enfermera

медицинска сестра

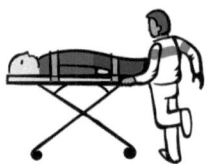

emergencia

хитни случај

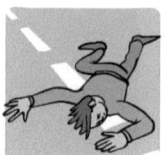

inconsciente

несвест

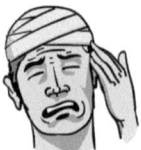

dolor

бол

lesión
повреда

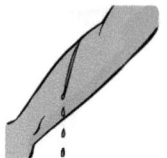

hemorragia
крварење

infarto
срчани удар

ACV
удар

alergia
алергија

tos
кашаљ

fiebre
грозница

gripe
грипа

diarrea
пролив

dolor de cabeza
главобоља

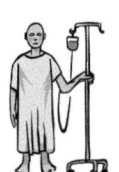

cáncer
рак

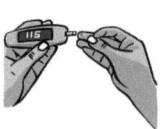

diabetes
дијабетес

cirujano
хирург

bisturí
скалпел

operación
операција

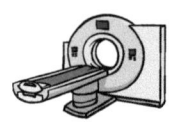

TC

цт

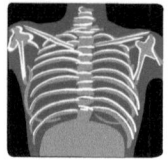

rayos x

рентген

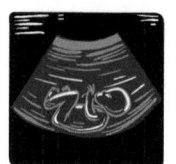

ecografía

ултразвук

barbijo

маска

enfermedad

болест

sala de espera

чекаона

muleta

штака

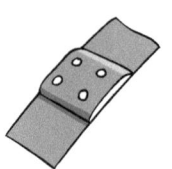

curita

фластер

venda

завој

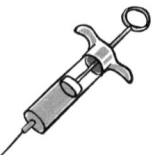

inyección

ињекција

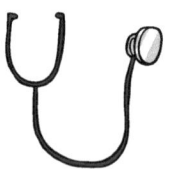

estetoscopio

стетоскоп

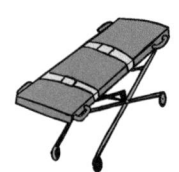

camilla

носила

termómetro

термометар

nacimiento

рођење

sobrepeso

прекомерна тежина

hospital - болница

audífono

слушни апарат

desinfectante

средство за дезинфекцију

infección

инфекција

virus

вирус

VIH / SIDA

хив / аидс

remedio

медицина

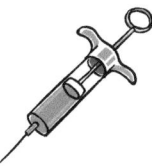

vacunación

вакцинација

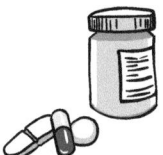

comprimidos

таблете

pastilla anticonceptiva

пилула

llamada de emergencia

хитни позив

tensiómetro

уређај за мерење
притиска

enfermo / sano

болесно / здраво

¡Ayuda!

помоћ!

alarma

аларм

agresión

насртај

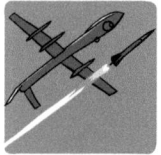

ataque

напад

peligro

опасност

salida de emergencia

излаз у случају нужде

¡Fuego!

пожар!

matafuego

противпожарни апарат

accidente

незгода

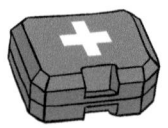

botiquín de primeros
auxilios

кутија прве помоћи

SOS

сос

policía

полиција

Europa

Европа

América del Norte

Северна Америка

América del Sur

Јужна Америка

África

Африка

Asia

Азија

Australia

Аустралија

Atlántico

Атлантик

Pacífico

Пацифик

Océano Índico

Индијски океан

Océano Antártico

Антарктички океан

Océano Ártico

Арктички океан

polo norte

Северни рол

polo sur

Јужни рол

Antártida

Антарктик

Tierra

земља

tierra

земља

mar

море

isla

оток

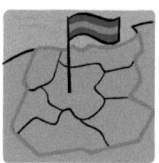

nación

нација

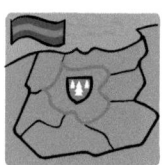

estado

држава

esfera

бројчаник сата

manecilla de las horas

сатна казаљка

minutero

минутна казаљка

segundero

секундна казаљка

¿Qué hora es?

Колико је сати?

día

дан

hora

време

ahora

сада

reloj digital

дигитални сат

minuto

минута

hora

час

semana
седмица

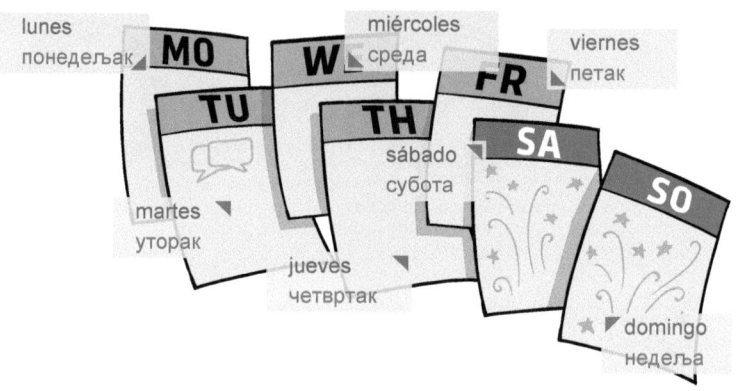

lunes / понедељак — MO
miércoles / среда — W
viernes / петак
martes / уторак — TU
jueves / четвртак — TH
sábado / субота — SA
domingo / недеља — SO
FR

ayer

juče

hoy

данас

mañana

сутра

mañana

jutro

mediodía

подне

tarde

вече

MO	TU	WE	TH	FR	SA	SU
1	2	3	4	5	6	7
8	9	10	11	12	13	14
15	16	17	18	19	20	21
22	23	24	25	26	27	28
29	30	31	1	2	3	4

días hábiles

радни дани

MO	TU	WE	TH	FR	SA	SU
1	2	3	4	5	6	7
8	9	10	11	12	13	14
15	16	17	18	19	20	21
22	23	24	25	26	27	28
29	30	31	1	2	3	4

fin de semana

викенд

año

година

lluvia
киша
arco iris
дуга
viento
ветар
nieve
снег
primavera
пролеће
otoño
јесен
verano
лето
invierno
зима

4.APRIL 11°
5.APRIL 4°
6.APRIL 13°
7.APRIL 8°
8.APRIL 10°

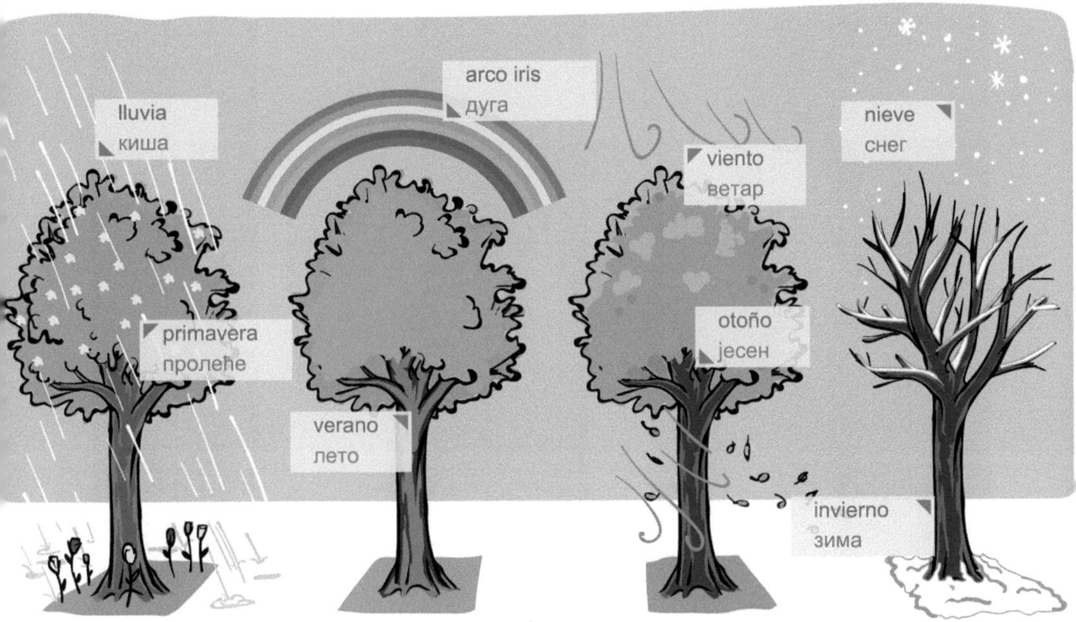

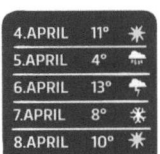

pronóstico meteorológico

метеоролошка прогноза

F C
120 90 60 30 0 -30
40 30 20 10 0 -10 -20

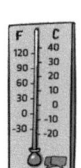

termómetro

термометар

luz del sol

сунчана светлост

nube

облак

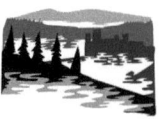

niebla

магла

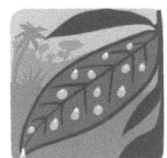

humedad

влажност ваздуха

rayo

муња

trueno

грмљавина

tormenta

олуја

granizo

туча

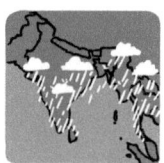

monzón

монсун

inundación

поплава

hielo

лед

enero

јануар

febrero

фебруар

marzo

март

abril

април

mayo

мај

junio

јуни

julio

јули

agosto

август

año - година

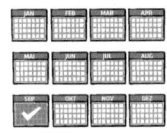

septiembre

....

септембар

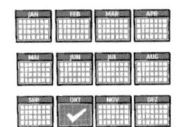

octubre

....

октобар

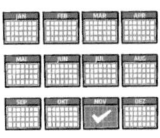

noviembre

....

новембар

diciembre

....

децембар

formas

облици

círculo

....

круг

cuadrado

....

квадрат

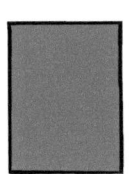

rectángulo

....

правоугао

triángulo

....

троугао

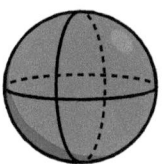

esfera

....

кугла

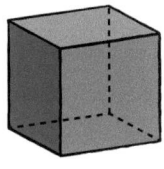

cubo

....

коцка

blanco

бела

amarillo

жута

naranja

наранџаста

rosa

ружичаста

rojo

црвена

violeta

љубичаста

azul

плава

verde

зелена

marrón

смеђа

gris

сива

negro

црна

mucho / poco

много / мало

enojado / tranquilo

љутито / мирно

lindo / feo

лепо / ружно

principio / fin

почетак / крај

grande / chico

велико / малено

claro / oscuro

светло / тамно

hermano / hermana

брат / сестра

limpio / sucio

чисто / прљаво

completo / incompleto

потпуно / непотпуно

día / noche

дан / ноћ

muerto / vivo

мртво / живо

ancho / angosto

широко / уско

comestible / no comestible

јестиво / нејестиво

malo / amable

зло / добро

entusiasmado / aburrido

узбуђено / досадно

gordo / flaco

дебело / мршаво

primero / último

на почетку / на крају

amigo / enemigo

пријатељ / непријатељ

lleno / vacío

пуно / празно

duro / blando

тврдо / мекано

pesado / liviano

тешко / лагано

hambre / sed

глад / жеђ

enfermo / sano

болесно / здраво

ilegal / legal

илегално / легално

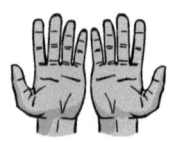

inteligente / estúpido

паметно / глупо

izquierda / derecha

лево / десно

cerca / lejos

близу / далеко

nuevo / usado

ново / половно

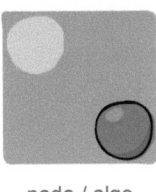

nada / algo

ништа / нешто

viejo / joven

старо / младо

encendido / apagado

укључено / искључено

abierto / cerrado

отворено / затворено

silencioso / ruidoso

тихо / гласно

rico / pobre

богато / сиромашно

correcto / incorrecto

тачно / погрешно

áspero / suave

храпаво / глатко

triste / contento

тужно / сретно

corto / largo

кратко / дуго

lento / rápido

полако / брзо

mojado / seco

мокро / сухо

caliente / frío

топло / хладно

guerra / paz

рат / мир

0

cero

нула

1

uno

један

2

dos

два

3

tres

три

4

cuatro

четири

5

cinco

пет

6

seis

шест

7

siete

седам

8

ocho

осам

9

nueve

девет

10

diez

десет

11

once

једанаест

12
doce
дванаест

13
trece
тринаест

14
catorce
четрнаест

15
quince
петнаест

16
dieciséis
шестнаест

17
diecisiete
седамнаест

18
dieciocho
осамнаест

19
diecinueve
деветнаест

20
veinte
двадесет

100
cien
стотину

1.000
mil
хиљаду

1.000.000
millón
милион

језици

inglés
....
енглески

inglés americano
....
амерички енглески

chino mandarín
....
мандарински кинески

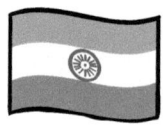

hindi
....
хиндски

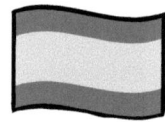

español
....
шпански

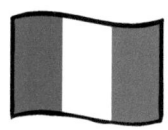

francés
....
француски

árabe
....
арапски

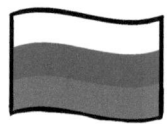

ruso
....
руски

portugués
....
португалски

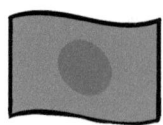

bengalí
....
бенгалски

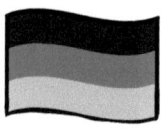

alemán
....
немачки

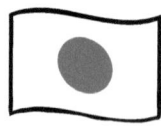

japonés
....
јапански

yo

ja

vos

ти

él / ella

он / она / оно

nosotros

ми

ustedes

ви

ellos

они

¿quién?

Ко?

¿qué?

Шта?

¿cómo?

Како?

¿dónde?

Где?

¿cuándo?

Када?

nombre

име

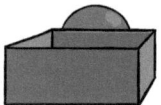

detrás

иза

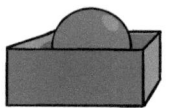

en

у

adelante de

испред

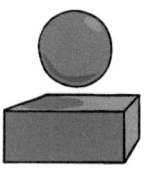

por encima de

преко

sobre

на

debajo de

испод

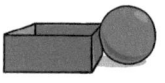

al lado de

поред

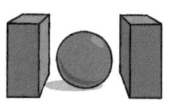

entre

између

lugar

место